BEI GRIN MACHT SICH IHR WISSEN BEZAHLT

Elisabeth Eidner

Leben im Grenzland - Living at the Frontier

Laura Ingalls Wilder: Little House on the Prairie

GRIN Verlag

Bibliografische Information der Deutschen Nationalbibliothek:

Die Deutsche Bibliothek verzeichnet diese Publikation in der Deutschen National-
bibliografie; detaillierte bibliografische Daten sind im Internet über http://dnb.d-
nb.de/ abrufbar.

Impressum:

Copyright © 2011 GRIN Verlag GmbH
Druck und Bindung: Books on Demand GmbH, Norderstedt Germany
ISBN: 978-3-656-04686-8

Dieses Buch bei GRIN:

http://www.grin.com/de/e-book/181570/leben-im-grenzland-living-at-the-frontier

GRIN - Your knowledge has value

Der GRIN Verlag publiziert seit 1998 wissenschaftliche Arbeiten von Studenten, Hochschullehrern und anderen Akademikern als eBook und gedrucktes Buch. Die Verlagswebsite www.grin.com ist die ideale Plattform zur Veröffentlichung von Hausarbeiten, Abschlussarbeiten, wissenschaftlichen Aufsätzen, Dissertationen und Fachbüchern.

Besuchen Sie uns im Internet:

http://www.grin.com/

http://www.facebook.com/grincom

http://www.twitter.com/grin_com

UNIVERSITÄT LEIPZIG

Philologische Fakultät
Institut für Amerikanistik

Leben im Grenzland

Living at the Frontier

Laura Ingalls Wilder – Little House on the Prairie

Hausarbeit

Datum der Abgabe: 15.04.2011

Inhaltsverzeichnis

1 Einleitung

Der "Wilde Westen" - kaum ein Abschnitt der amerikanischen Geschichte wird bis heute so glorifiziert wie er. Er ist ein Mythos, welcher ein Gefühl von Abenteuer, Freiheit und Romantik auslöst. Doch ist der "Wilde Westen" auch ein raues Land, das für Gesetzlosig-keit steht und in welchem nur die Starken überleben. Vielleicht wirkt diese Gegensätzlich-keit anziehend auf den Menschen, ebenso die Lust aus Gewohntem auszubrechen und sein Glück auf Wegen zu versuchen, welche noch nicht ausgetreten sind.

Der Traum vom Westen führte gar zu einem eigenständigen literarischen und filmischen Genre, dem Western. Wer kennt heutzutage nicht die Abenteuerromane Karl Mays, die Filme und Fernsehserien um tapfere Cowboys und Sheriffs im Kampf gegen böse Schurken oder um Familien, die mutig ein neues Leben in unbekanntem Land beginnen? Vor allem durch die genannten Medien wird die Vorstellung vom Leben im "Wilden Wes-ten" geprägt. Eng verknüpft sind mit diesem Begriff darum verschiedene Szenarien wie rauchende Colts, Schlägereien im Saloon und die Konfrontation mit Indianern. Doch ent-spricht dies der historischen Wirklichkeit?

Ziel dieser Hausarbeit soll darum die allgemeine Untersuchung zum Leben im westlichen Siedlungsgebiet der Vereinigten Staaten im 19. Jahrhundert sein. Der Hauptaugenmerk wird dabei auf die amerikanische Autorin Laura Ingalls Wilder gelegt, welche diese Epoche nicht nur miterlebte, sondern ihre Erfahrungen in mehreren Büchern und Texten verar-beitete. Anlässlich der Recherche für diese Arbeit wurde das Buch *Little House on the Prairie* ausgewählt, um es auf verschiedene thematische Aspekte, die sich vor allem auf das Familienleben beziehen, zu untersuchen. Diese Themen sind im Einzelnen die Rolle des Mannes und der Frau und das Leben der Kinder als Pioniere des amerikanischen Westens.

2 Laura Ingalls Wilder[1]

Laura Ingalls Wilder wurde am 7. Februar 1867 in Pepin, Wisconsin unter dem Namen Laura Elizabeth Ingalls geboren. Sie war die zweitälteste Tochter ihrer Eltern Charles Phillip Ingalls und Caroline Lake Quiner. Laura Ingalls Wilder hatte drei Schwestern: Mary, Carrie und Grace und einen Bruder namens Charles Frederick, welcher allerdings im frü-hen Kindesalter verstarb.

Während ihrer Kindheit siedelte Laura mit ihrer Familie in die Nähe von Independence, Kansas um. Dieses Gebiet war zu dem Zeitpunkt allerdings noch nicht für Siedler frei-gegeben und strenggenommen noch indianisches Territorium. Nach einigen weiteren Um-zügen, unter anderem nach Walnut Grove, Minnesota und Burr Oak, Iowa, ließ sich die Familie in DeSmet, South Dakota nieder. Dort lernte Laura Ingalls Wilder auch ihren spä-teren Ehemann Almanzo Wilder kennen, welcher 10 Jahre älter war als sie.

Ebenso wie ihre Mutter, wurde auch Laura Ingalls Wilder Lehrerin. Ihre berufliche Lauf-bahn endete jedoch mit ihrer Hochzeit mit Almanzo Wilder am 25. August 1885. Im Jahr darauf bekam die Familie ihre Tochter Rose Wilder Lane. 1889 stirbt Laura Ingalls Wilders zweites Kind, ein Junge, der noch keinen Namen hatte, kurz nach der Geburt. Im Jahr 1894 zieht die Familie Ingalls Wilder nach Mansfield, Missouri, wo sie die Rocky Ridge Farm kauft und diese innerhalb der nächsten 20 Jahre langsam zu einem gut funktionierenden Hof gestaltet und zu finanzieller Sicherheit gelangt.

Laura Ingalls Wilders Tochter Rose ist es schließlich, die ihre Mutter dazu bringt, ihre Lebensgeschichte niederzuschreiben. Es entstehen mehrere Bücher, die ihre Kindheit und Jugend als Pionier und ihr Leben mit ihrem Mann Almanzo beschreiben[2]. Daneben schrieb Ingalls Wilder diverse Essays und Zeitungsberichte. Die Bücher ihrer "Little House"-Reihe bildeten außerdem die Grundlage für die Fernsehserie *Little House on the Prairie* ("Unsere kleine Farm").

Laura Ingalls Wilder überlebt ihren Mann um 10 Jahre und stirbt 1949 im Alter von 92 Jahren auf ihrer Farm. Sie und ihr Mann wurden auf dem Friedhof in Mansfield bei-gesetzt.

---

[1] Wikipedia: Laura Ingalls Wilder.
[2] Ingesamt besteht die Reihe aus 9 Büchern: *Little House in the Big Woods, Little House on the Prairie, Farmer Boy, On the Banks of Plum Creek, By the Shores of Silver Lake, The Long Winter, Little Town on the Prairie, These Happy Golden Years, The First Four Years.*

3 The Frontier

Das Wort *frontier* in ein adäquates deutsches Wort zu übersetzen ist ein schwieriges Unter-fangen. Wörterbücher geben als Möglichkeiten *Grenze*, *Grenzland* oder *Landesgrenze* an. Obgleich diese Übersetzungen nicht falsch sind, so geben sie doch nicht den gesamten Inhalt des Begriffs *frontier* wieder, welcher in der amerikanischen Geschichte eine entschei-dende Rolle spielt. Die amerikanische *frontier* bezeichnet das Grenzgebiet, welches sich nach Westen hin ausdehnte. Das Wort beinhaltet allerdings nicht nur die Siedlungsgrenze sondern auch die Grenze zur Wildnis, die Grenze zu den amerikanischen Ureinwohnern und nicht zuletzt eine innere Grenze, die jeder Siedler auf dem Weg in den Westen und auf dem Weg zu sich selbst zu überschreiten hatte.

Die ersten Siedler waren überwiegend Jäger, Trapper und Pelzhändler, doch folgte ihnen bald der Bergbau, da zwischen den heutigen Staaten Wisconsin und Iowa Bleierz entdeckt wurde. Nach nicht allzu langer Zeit waren ebenjene Minen allerdings erschöpft, weshalb die naheliegenden Dörfer verlassen wurden. Daraufhin fingen Viehzüchter und Landwirte an in den Westen vorzudringen, sicherlich auch wegen des 1862 in Kraft getretenen Bundes-heimstättengesetzes, welches jedem erwachsenen Amerikaner 160 Acres Land zusicherte[3]. Viele Pioniere erhofften sich ein besseres Leben und eine wahre Siedlerflut zog gen Westen.[4] Zu dieser Zeit begann die Industrialisierung und Urbanisierung.[5]

Gerade die Bewältigung der Herausforderungen in unberührtem Territorium und die stän-dige Verlagerung der Grenze zwischen naturbelassenem Terrain und der "Neuen Welt", formte den demokratischen, freiheitsliebenden "Typus des Amerikaners"[6].

Doch wie war das alltägliche Leben als Pionier gegen Ende des 19. Jahrhunderts, also zur der Zeit in der *Little House on the Prairie* spielt? Viele Siedler wussten nicht, was sie im Westen erwartet. Klimatische Extreme erschwerten die Reise und den Aufbau eines neuen Heimatortes. Wilde Tiere und Indianer, welche sich mittlerweile gegen den Diebstahl ihres Landes wehrten, taten ihr Übriges. Auch nach dem Beziehen der neuen Heimstätte taten sich Probleme auf. Die großen Entfernungen zu den nächsten Nachbarn, Handelsposten oder medizinischer Hilfe konnten verheerend sein.[7] Sich zum Hauptteil selbst zu ernähren und mit benötigtem Werkzeug zu

---

[3] Spoerel 1997, S. 43.
[4] Emmerich 2009, S. 47.
[5] Wasser 2004, S. 248f.
[6] Zitat: Ebd., S. 249.
[7] Kuegler 2008, S. 39ff.

versorgen war Schwerstarbeit. Das Klima und die häufig nicht besonders fruchtbaren Böden führten zu schlechten Ernten und somit für viele Pio-niere zur Überschuldung.[8] Alle landwirtschaftlichen Aufgaben und Gewerke mussten selbst und von Hand ausgeführt werden und vielerlei tägliche Aufgaben im Haushalt und der Viehzucht verlangten Einfallsreichtum und Ausdauer. Auch an Rohstoffen mangelte es zum Teil sehr. Auf den weiten Ebenen gab es keine Bäume und somit war Holz Mangel-ware. Beim Hausbau und beim Beheizen der primitiven Eisenöfen mussten darum Alter-nativen gefunden werden.[9]

Eine sehr ursprüngliche Lebensweise war nicht zu vermeiden, Prioritäten änderten sich. Nicht wenige der Westwärtsziehenden mussten aufgeben und in den Osten des Landes zurückkehren. Doch wie man heute sieht, haben es viele Siedler geschafft das Leben an der *frontier* zu meistern und das Land urbar zu machen.

---

[8]Spoerel 1997, S. 43.
[9]Kuegler 2008, S. 40ff.

4 Little House on the Prairie

Little House on the Prairie ist das zweite von neun Büchern der "Little House"-Reihe. Es handelt von den Erlebnissen der Familie Ingalls auf ihrem Weg in den Westen, dem Auf-bau einer Heimstätte und der Rückkehr nach einem Jahr. Es handelt sich um einen Roman, der zum Großteil auf der wirklichen Lebensgeschichte der Autorin beruht.

Das Buch ist in 26 Kapitel unterteilt, welche jeweils eine eigene Überschrift besitzen, die das entsprechende Ereignis des Kapitels benennt. Der Text besteht überwiegend aus aukto-rialen Passagen, allerdings findet sich auch sehr oft die direkte Rede. Des Weiteren wird der Textfluss immer wieder von den Texten der Lieder unterbrochen, die Pa singt. Diese Ab-schnitte stechen aus dem sonstigen Fließtext hervor, da sie zentriert angeordnet sind und die jeweiligen Verse immer genau einer Zeile entsprechen.

Little House on the Prairie ist ein Kinderbuch, dies macht sich in einer sehr einfachen Spra-che bemerkbar. Kurze Sätze und leichtverständliche Wörter kennzeichnen den Stil. Es werden tägliche Aufgaben beschrieben und Wörter oder Konzepte die Kindern nicht allge-mein geläufig sind werden im Text erklärt. Die Eltern der Ingallsfamilie werden zumeist Ma und Pa genannt, sprechen sich gegenseitig allerdings mit ihren Vornamen (Charles und Caroline) an. Der Text enthält viele Aufzählungen, die mit mehrfachem *and* verbunden sind. So zum Beispiel gleich auf Seite 1: "[...]*Pa and Ma and Mary and Laura and Baby Carrie*[...]". In der verwendeten Ausgabe finden sich auch viele Illustrationen, die wichtige Szenen im Handlungsverlauf darstellen und dem Rezipient einen Eindruck von Aussehen und Kleidung der Familie geben.

Es handelt sich um eine auktoriale Erzählsituation, die Einblick in die Gedankenwelt der einzelnen Figuren und auch Tiere hat (*"But Jack knew they didn't mean it."* (S. 23)). Allerdings ist am häufigsten die Innensicht Lauras dargestellt, die der Anderen eher selten. Die Übergänge zur personalen Erzählsituation sind also fließend. Die Einfachheit der Sätze und Äußerungen entspricht dem Alter von Laura. Auch die Erklärung schwieriger Sach-verhalte orientiert sich an Lauras Entwicklung und Wissen.

Inhaltlich begibt der Leser sich mit auf die Reise der Familie Ingalls nach Westen. Die ersten vier Kapitel umfassen die Reise im Planwagen mit verschiedenen Hindernissen, die überwunden werden müssen, bis die Familie einen Ort findet, an dem sie sich niederlassen will. Das fünfte Kapitel beschreibt den Bau der Blockhütte in welche die Ingalls ein Kapitel später einziehen. Die nächsten 19 Kapitel handeln vom Leben der Pioniere mit all seinen Schwierigkeiten. Kontakt zu Wölfen, Indianern und Nachbarn werden beschrieben, die Familie übersteht eine *fever'n'argue*-Infektion[10] und auch sonst allerlei schwierige Situatio-nen. Letzten Endes muss die Familie Ingalls ihre neue Heimat nach nur einem Jahr schon wieder verlassen, da sie auf Gebiet siedelten, das von der Regierung noch nicht zur Be-siedelung freigegeben wurde und somit noch den amerikanischen Ureinwohnern gehört,[11] womit das Buch in Kapitel 26 endet.

---

[10]Diese Krankheit lässt sich als Malaria definieren: "*No one knew, in those days, that fever'n'ague was malaria, and that some mosquitoes give it to people when they bite them*" (Zitat: Campbell 2000, S. 119).
[11]Spoerel 1997, S. 136.

5 Zentrale Thematiken des Textes

Will man das Leben der Siedlerfamilien näher betrachten, bietet es sich an, es anhand verschiedener Aspekte zu untersuchen. Der Text behandelt verschiedene Thematiken, wie den Umgang mit der Natur und wilden Tieren oder das Verhältnis zu den Native Ameri-cans und deren Gepflogenheiten. Auch grundlegende Arbeiten und Aufgaben einer Sied-lerfamilie werden detailliert beschrieben. Besonders auffällig und interessant sind hierbei die Geschlechterverhältnisse. In den folgenden Abschnitten sollen daher die Rollen der Männer, Frauen und Kinder im Roman betrachtet werden.

5.1 Die Rolle des Mannes

Die Rolle des Mannes und vor allem die des Familienvaters ist klar. Er ist das patriar-chalische Familienoberhaupt. Er trifft die Entscheidungen und er ist es, der seine Familie ernährt ("*He* [Pa] *had brought four fat ducks, and he said he could have killed hundreds.*" (S. 128)) und beschützt ("*Pa did not seem to move quickly, but he did. In an instant he took his gun out of the wagon and was ready to fire at those green eyes.*" (S. 22)).

Pa steuert den Wagen, er entscheidet wo gerastet wird und wo der beste Siedlungsplatz ist, auch ist er es, der letztlich die Entscheidung trifft, das Land wieder zu verlassen.

Doch trotz seiner Strenge ist Charles Ingalls ein sensibler Mann. Abends spielt er auf seiner Geige und singt Lieder, er fragt seine Frau des Öfteren nach ihrer Meinung und beantwortet, wenn die Umstände es zulassen, geduldig die vielen Fragen Lauras. Nach einem Aufenthalt in Independence bringt Pa seiner Frau und den Kindern Geschenke mit. Auch nennt er Laura liebevoll "*flutterbudget*" (S. 167) oder "*little half-pint of sweet cider half drunk up*" (S. 5).

5.2 Die Rolle der Frau

Gerade die Siedlerfrau hatte eine gewaltige innere Grenze zu überschreiten. War nach dem viktorianischen Modell die Frau der Part der Familie, der sich um Haushalt und Kinder-erziehung zu kümmern hatte und sich dezent im Hintergrund halten musste, so übernahm sie während der Pionierzeit sehr viele Aufgaben, die zur damaligen Zeit eher männertypisch waren. Sie half beim Graben von Brunnen und beim Bau der primitiven Holzhütten oder Grassodenhäuser. Den Haushalt und die Kindererziehung bewältigte sie noch ganz neben-bei. Verantwortung und Eigeninitiative wurden nötig um das neue Leben zu meistern.[12] Die Rolle der Frau veränderte sich während der Ausdehnung des Siedlungsgebiets in Richtung Westen gewaltig. Die viktorianische Frauenrolle wurde schnell verdrängt - die Pionierinnen wurden stark und selbstbewusst.[13]

Die meisten Frauen, die in den Westen zogen waren Ehefrauen und doch gab es unter der weiblichen Pionierschaft auch alleinstehende Frauen, welche sich durch das Bundes-heimstättengesetz Land aneigneten. Diese machten einen Anteil von etwa 15% aus.[14]

Ma in *Little House on the Prairie* ordnet sich ihrem Mann unter. Wenn Pa sie nach ihrer Meinung fragt, ergibt sich der Dialog meist wie in diesem Beispiel: "[...]*What do you say, Caroline?' 'Whatever you say, Charles,' Ma answered.*" (S. 12). Sie entspricht demzufolge dem viktorianischen Frauenbild. Selbst ihre Körpersprache drückt dies aus: "*Ma sat straight and quiet, her hands folded in her lap.*" (S. 8). Ma erzieht ihre Kinder für heutige Verhältnisse recht streng und konsequent:

"[...]*and Ma said, sharply, 'Lie down, girls!' Quick as a flash, Mary and Laura dropped flat on the bed. When Ma spoke like that, they did as they were told.*" (S. 13).

Die Mädchen wissen auch, dass Weinen unsittlich ist und nicht geduldet wird: "*Laura swallowed hard, to keep from crying. She knew it was shameful to cry, but there was crying inside her.*" (S. 15). Was uns heute herzlos vorkommt, war in der damaligen Zeit eine gängige Vor-stellung von Benehmen.

Ma lässt allerdings auch ihren Mann Charles stark in die Erziehung der Kinder einwirken. Gerade schwierige Kinderfragen, zum Beispiel zum Thema Religion, überlässt sie daher ihrem

---

[12]Kuegler 2008, S. 41.
[13]Ebd., S. 6.
[14]Ebd., S. 45.

Mann zu Beantwortung:

"'Oh, Ma,' Laura begged, 'Jack has gone to heaven, hasn't he? He was such a good dog, can't he go to heaven?' Ma did not know what to answer, but Pa said: 'Yes, Laura, he can. [...]" (S. 17).

Es scheint, als schließe Caroline sich in religiösen und politischen Fragen der Meinung ihres Mannes an, ohne selbst daran Anteil zu nehmen.

Vielleicht kann man eine gewisse Entwicklung feststellen, die zu einer selbstständigeren Denkweise führt, wie dies oben schon allgemein für die Siedlerfrauen festgestellt wurde. Im Kapitel *Fever'n'Argue* erhebt Caroline, wenn auch zögerlich, Einspruch gegen die Meinung ihres Mannes, der eine Wassermelone mitbringt. Von diesen nahm man an, dass sie die Krankheit *fever'n'argue* auslösen:

"'But, Charles!' Ma said. 'You mustn't. Mrs Scott said -----' Pa laughed his big, pealing laugh again. 'But that's not reasonable,' he said. 'This is a good melon. Why should it have fever'n'argue? Everybody knows that fever'n'argue comes from breathing the night air.' 'This water-melon grew in the night air,' said Ma. 'Nonsense!' Pa said." (S. 123).

Die Szene endet damit, dass Pa die Wassermelone allein isst und den Rest der Kuh gibt. Ma rührt die Melone nicht an und setzt sich auch bezüglich der Kinder durch: "*She would not let Laura and Mary eat one bite.*" (S. 123).

5.3 Das Leben als Kind

Kinder wurden im späten 19. Jahrhundert im Vergleich zu heute wesentlich strenger er-zogen. Tischmanieren, der Umgang mit Erwachsenen und das Erledigen der Aufgaben im Haushalt gehörten für sie fraglos zur Standarderziehung.

Auch Laura und Mary helfen überall, wo sie können. Beim Zubereiten der Speisen ("*Then Pa brought water from the creek, while Mary and Laura helped Ma get supper.*" (S. 19) oder "*One morning Mary and Laura were washing the dishes and Ma was making the beds.*" (S. 197)) und auch bei der Gartenarbeit ("*[...]and Mary and Laura helped Ma plant the early garden seeds.*" (S. 195)). Wie die Aufgaben eines männlichen Kindes ausgesehen hätten, erfährt man in *Little House on the Prairie* nicht, da die Ingalls nur Mädchen haben.

Zur Erziehung gehörten auch Tischmanieren und das Verhalten im Beisein Erwachsener. Hier erfahren wir, dass Laura und Mary zu Tisch nur sprechen sollten, wenn sie explizit angesprochen wurden und dass es unsittlich war ständig Fragen zu stellen:

> *"They knew it was no use to ask questions. They would only be told again that children must not speak at table until they were spoken to. Or that children should be seen and not heard."* (S. 180).

Die Mädchen wissen genau, dass sie sich unterordnen müssen, auch wenn ihnen das nicht immer leicht fällt. Vor allem Laura handelt oder spricht oft unüberlegt.

Mary und Laura wissen, dass ihr Vater sie trotz aller Strenge liebt und beschützt: "[...]*she* [Laura] *knew that nothing could hurt her while Pa and Jack were there.*" (S. 4).

Dass die Kinder nicht weinen dürfen wurde schon im Kapitel *5.2 Die Rolle der Frau* angesprochen. Auch sonstige Gefühle sollten nicht gezeigt werden. Beim Abschied von ihrem Nachbarn vergisst Laura ihre Erziehung:

> *"But Laura forgot to be polite. She said 'Oh, Mr Edwards, I wish you wouldn't go away! Oh, Mr Edwards, thank you, thank you for going all the way to Independence to find Santa Claus for us.'"* (S. 199).

Laura weiß, dass diese Reaktion unangemessen ist, jedoch tadelt sie niemand dafür. Hieran kann man erkennen, dass die Kindererziehung schon "offener" ist, als vielleicht Charles und Caroline sie noch als Kinder kennenlernten.

6 Resümee

Wie fällt nun der Vergleich zwischen der allgemeinen Vorstellung vom "Wilden Westen" und der historischen Wirklichkeit am Beispiel Laura Ingalls Wilders *Little House on the Prairie* aus? Die Wirklichkeit war weit weniger glanzvoll und heroisch, als es in Filmen und Romanen dargestellt wird, aber die Leistung der Pioniere, allen Widrigkeiten zum Trotz durch-zuhalten macht es verdient, sie nicht zu vergessen. Es war nicht alles so einfach und un-gezwungen, wie es vielleicht auf den Zuschauer eines Western wirkt. Viele Menschen mussten hart für ihr Überleben an der *frontier* kämpfen, viele scheiterten auch an der Härte des Landes oder mussten ihre Siedlungen wegen politischer Entscheidungen wieder ver-lassen, wie es bei den Ingalls der Fall war. Und doch haben sich die Menschen der Wildnis gestellt und diese letzten Endes bezwungen.

Doch leider hat dies auch negative Seiten, wie die Ausbeutung, Christianisierung und Zurückdrängung der amerikanischen Urbevölkerung und die Ausrottung mehrerer Tier-arten[15]. Dies darf neben all den mythischen Verherrlichungen der ersten Pioniere niemals vergessen werden.

---

[15]Emmerich 2009, S. 39ff.

Literaturverzeichnis

Textgrundlage

INGALLS WILDER, Laura: Little House on the Prairie. Reissued. London 2009.

Forschungsliteratur

EMMERICH, Alexander: Der Wilde Westen. Mythos und Geschichte. Stuttgart 2009.

KUEGLER, Dietmar: Pulverdampf und Sternenbanner. Amerika erobert den Westen. 1. Auf-lage. Wyk auf Foehr 2008.

SPOEREL, Hilke: Überblick über die amerikanische Landpolitik des 19. Jahrhunderts und ihre Auswirkungen auf die Siedler unter besonderer Berücksichtigung von Laura Ingalls Wilders *Little House*-Serie. Dissertation zur Erlangung des Doktorgrades der Philosophischen Fakultät der Christian-Albrechts-Universität zu Kiel. Kiel 1997.

WASSER, Hartmut: Die große Vision: Thomas Jefferson und der amerikanische Westen. 1. Auflage. Wiesbaden 2004.

Internetquellen

CAMPBELL, Donna M.: "Wild Men" and Dissenting Voices: Narrative Disruption in Little House on the Prairie. In: *Great Plains Quarterly* 20, 2. University of Nebraska - Lincoln 2000.

http://digitalcommons.unl.edu/cgi/viewcontent.cgi?article=1018&context=greatplainsquarterly

Zugriff am 11.04.2011.

LAURA INGALLS WILDER MEMORIAL SOCIETY: http://www.liwms.com/

Zugriff am 29.03.2011.

WIKIPEDIA: Laura Ingalls Wilder. http://en.wikipedia.org/wiki/Laura_Ingalls_Wilder

Zugriff am 30.03.2011.